똥손도 곰손도 재봉틀이 없어도 OK!

세상 쉬운

마스크 만들기

똥손도 곰손도 재봉틀이 없어도 OK!

세상 쉬운 마스크 만들기

1판 1쇄 인쇄 2020년 5월 1일
1판 1쇄 발행 2020년 5월 7일

지은이 부티크사 편집부
옮긴이 남궁가윤
펴낸이 정원정, 김자영
편집 홍현숙
디자인 이유진
마케팅 소요프로젝트

펴낸곳 즐거운상상
주소 서울시 중구 충무로 13 엘크루메트로시티 1811호
전화 02-706-9452
팩스 02-706-9458
전자우편 happydreampub@naver.com
페이스북 @happydreampub
출판등록 2001년 5월 7일
인쇄 천일문화사

ISBN 979-11-5536-146-7 (13590)

* 잘못 만들어진 책은 서점에서 교환하여 드립니다.
* 책값은 뒤표지에 있습니다.
* 전자책으로 출간되었습니다.

今すぐ作ろう！手作りマスク
Lady Boutique Series No.2700 IMA SUGU TSUKURO! TEDUKURI MASK

똥손도 곰손도 재봉틀이 없어도 OK!

세상 쉬운
마스크 만들기

즐거운상상

CONTENTS

부록

\ 오려서 그대로 사용! /

심플 마스크

직선으로 박기만 하면 뚝딱 쉽게 만들 수 있는 기본 마스크입니다.
더블거즈를 비롯하여 집에 있는 면 프린트나 리넨으로 만들어도 좋아요.

① L사이즈

② M사이즈

③ S사이즈

①~③ 심플 마스크 만드는 법

재료

	S	M	L
겉감 (더블거즈)	33cm×19cm	39cm×21cm	43.5cm×22cm
마스크용 고무줄	50cm	50cm	60cm

완성 치수

	S	M	L
	11cm×8.5cm	13cm×9.5cm	14.5cm×10cm

옷감을 마름질하는 법 ※ 그림에 적힌 치수는 시접을 포함한 크기입니다.

S사이즈

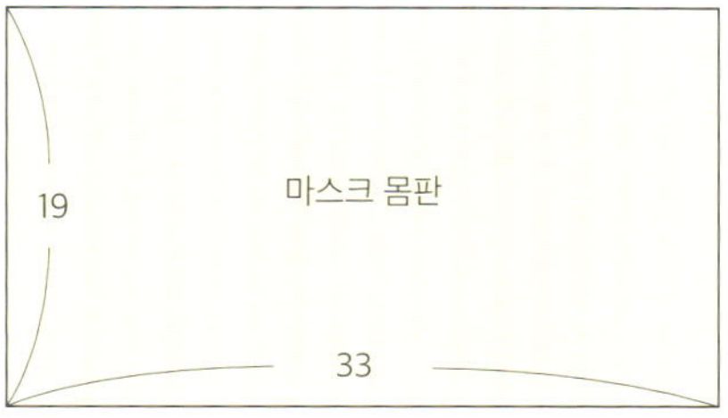

M사이즈

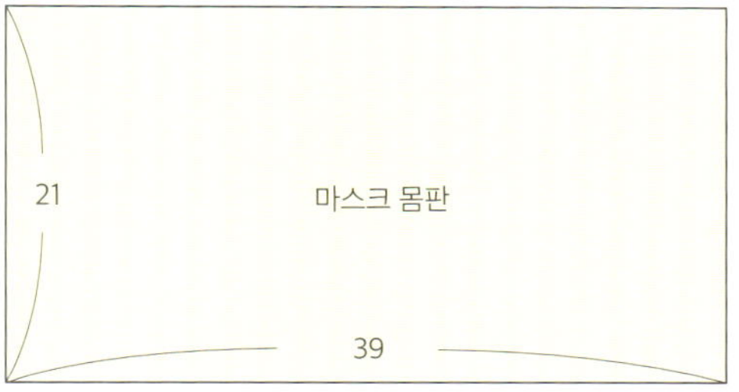

L사이즈

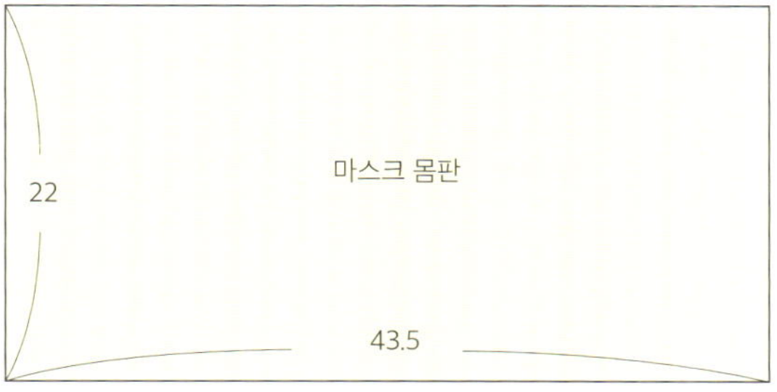

바느질 Tip

어떤 옷감을 골라야 해요?

천연섬유, 폴리에스테르, 혼방원단 등 많은 종류의 옷감이 있지요. 마스크를 만들 때는 어떤 옷감을 골라야 할까요. 코와 입에 직접 닿기 때문에 면, 리넨, 더블거즈와 같은 피부에 닿는 느낌이 좋은 천연 소재 옷감을 선택하는 게 좋습니다.

※ 알아보기 쉽게 옷감과 실 색깔을 다르게 했습니다.

1. 마스크 몸판을 만든다.

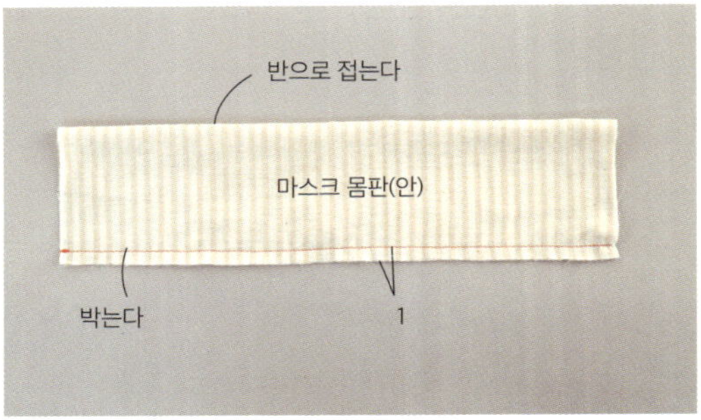

① 마스크 몸판을 겉끼리 맞닿게 가로로 반을 접어서 시접 1㎝로 박습니다.

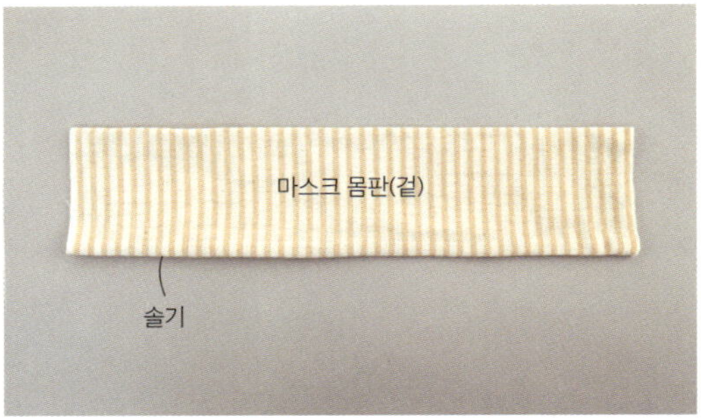

② 겉으로 뒤집은 뒤에 다려서 접습니다. 솔기를 마스크 몸판 아래쪽으로 오게 합니다.

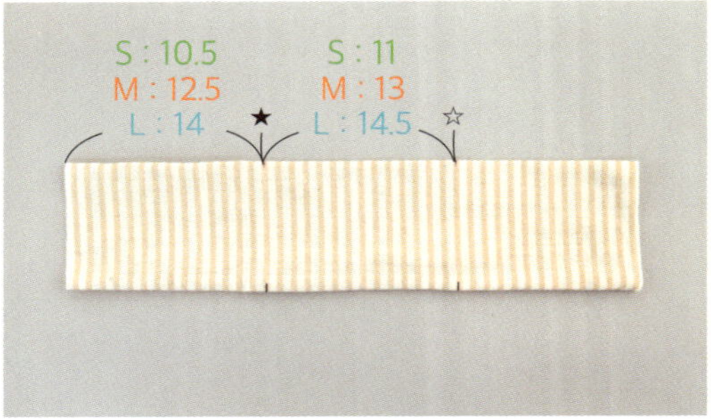

③ 접음선에 치수대로 표시합니다.

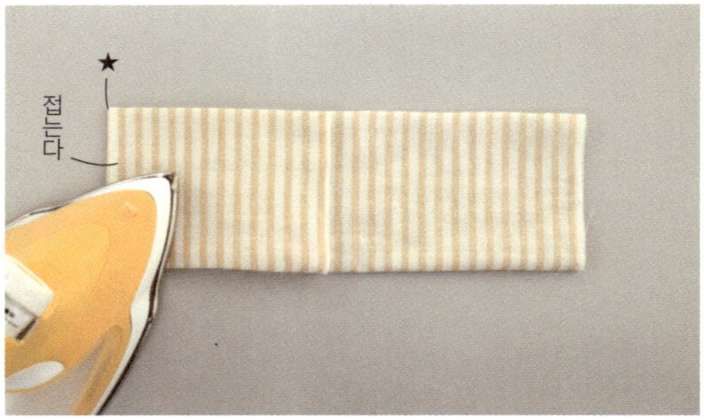

④ ★의 접음선을 접습니다.

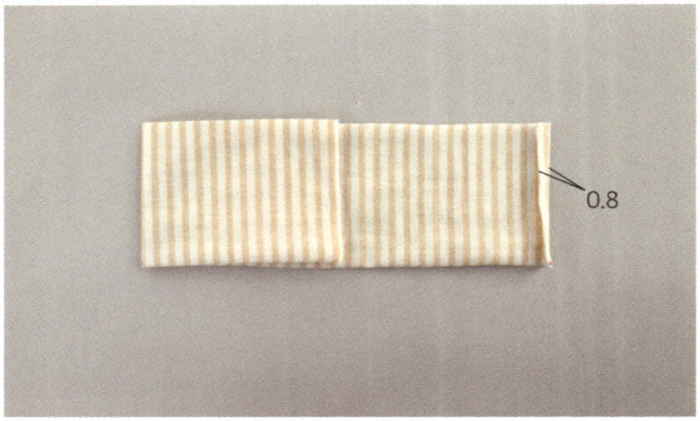

⑤ 오른쪽 끝을 0.8㎝ 접습니다.

⑥ ☆의 접음선을 접습니다.

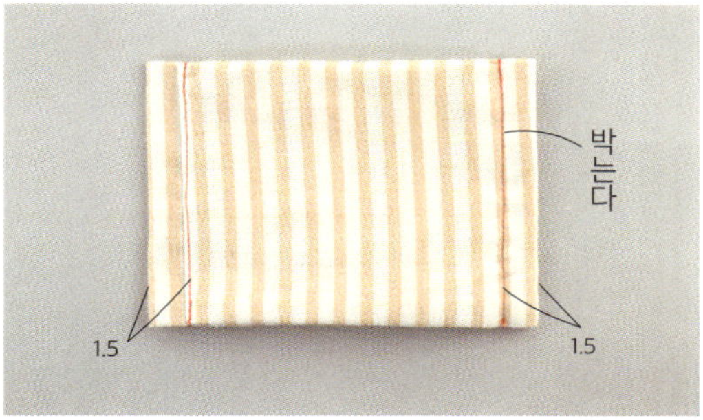

⑦ 양 옆을 박습니다.

바느질 Tip

꼭 다림질을 해야 해요?

마스크를 깔끔하게 완성하기 위해서는 재봉을 할 때마다 다림질을 정성 들여 해보세요. 다림질을 많이 할수록 더 완성도 높은 마스크가 된답니다.

다림질할 때 요령

① 재봉질을 할 때마다 다린다.
② 될 수 있으면 옷감의 뒷면을 다린다.
③ 바늘땀이 가로가 되게 옷감을 놓고 주로 쓰는 손 방향부터 반대 방향으로 다린다.

2. 고무줄을 끼운다.

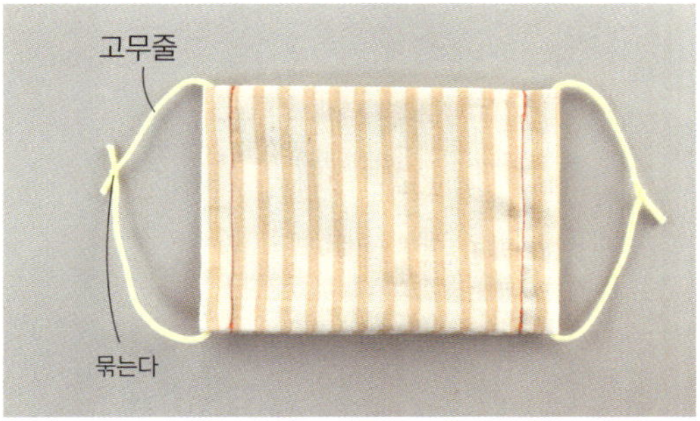

① 고무줄(S·M사이즈: 25㎝, L사이즈: 30㎝)을 끼우고 묶습니다.

② 매듭을 마스크 몸판 속으로 넣으면 완성입니다.

주름 마스크

옷감을 3단으로 접어서 간단히 만들 수 있는 마스크입니다.
주름을 펴는 법에 따라서 얼굴에 딱 맞게 쓸 수 있습니다.

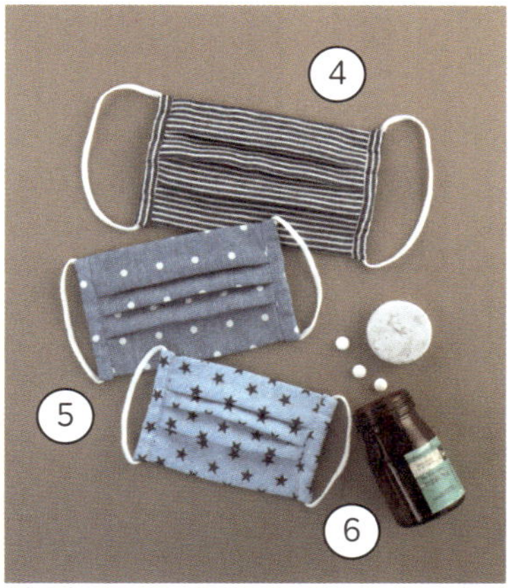

④~⑥ 주름 마스크 만드는 법

재료

	S	M	L
겉감 (더블거즈)	40cm×20cm	45cm×20cm	50cm×25cm
마스크용 고무줄	50cm	50cm	60cm

완성 치수

	S	M	L
	13.5cm×8cm	15.5cm×9cm	17.5cm×10cm

옷감을 마름질하는 법 ※ 그림에 적힌 치수는 시접을 포함한 크기입니다.

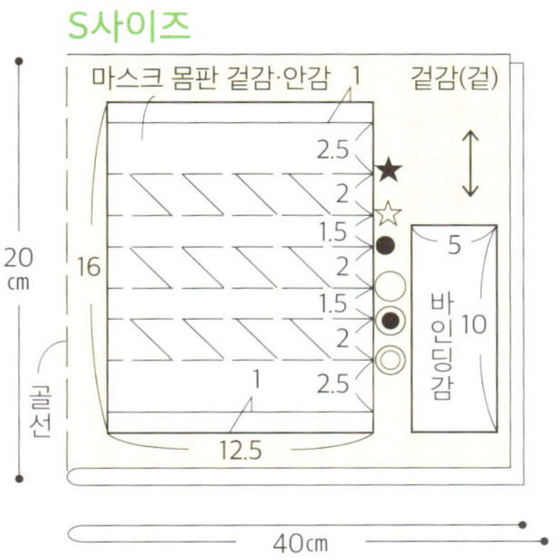

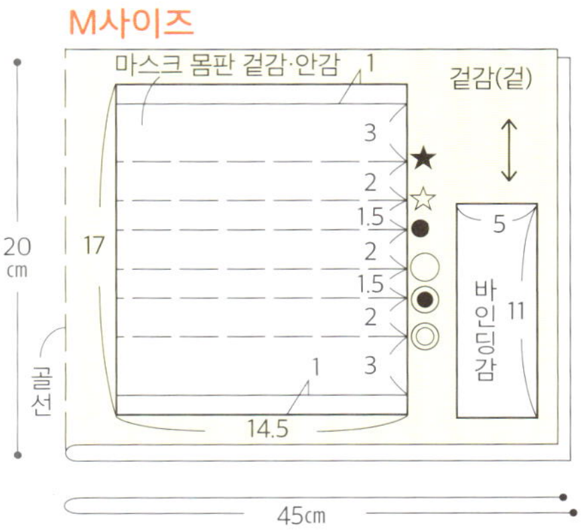

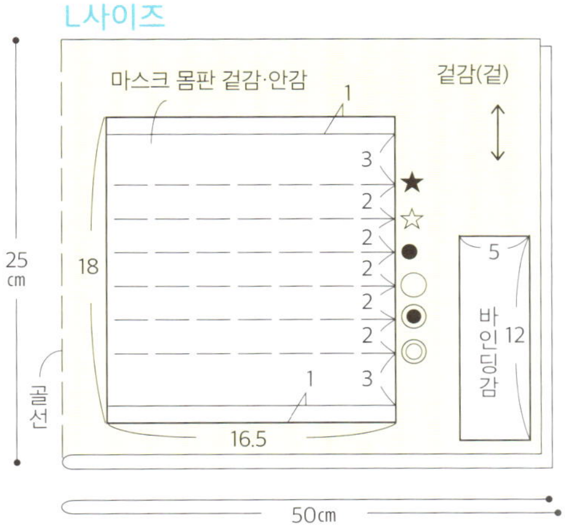

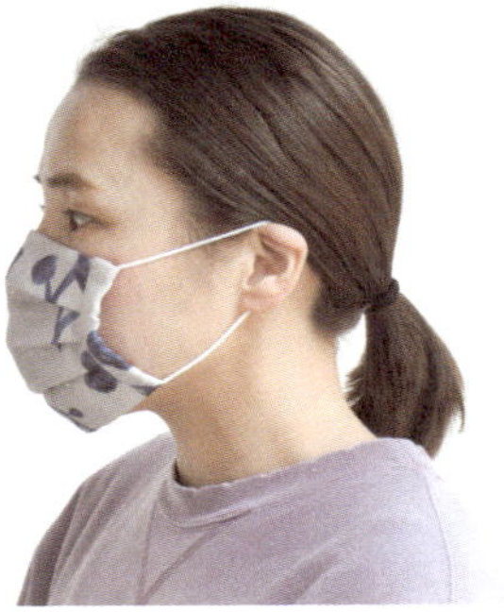

마스크 윗부분에 와이어를 넣으면
코 모양에 맞춰서 고정할 수 있습니다.

※ 알아보기 쉽게 옷감과 실 색깔을 다르게 했습니다.

1. 마스크 몸판을 만든다.

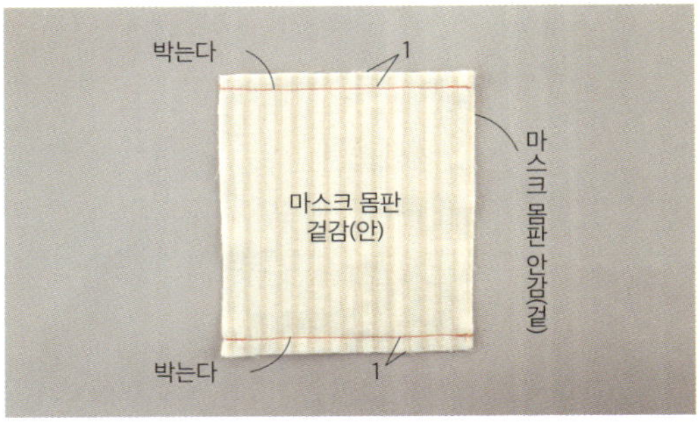

① 마스크 몸판의 겉감과 안감을 겉끼리 맞대고 위아래를 시접 1㎝로 박습니다.

② 겉으로 뒤집은 뒤에 다려서 모양을 정리합니다.

[형상기억 테이프를 넣으려면]
위에서부터 1㎝ 위치를 박고 형상기억 테이프(9㎝)를 끼웁니다.

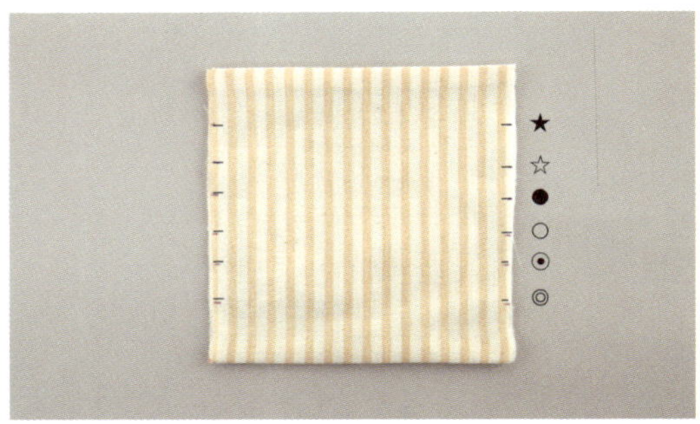

③ 11페이지 옷감을 마름질하는 법을 참조하여 주름 위치를 표시합니다.

④ ★ 위치가 밖으로 나오게 접습니다.

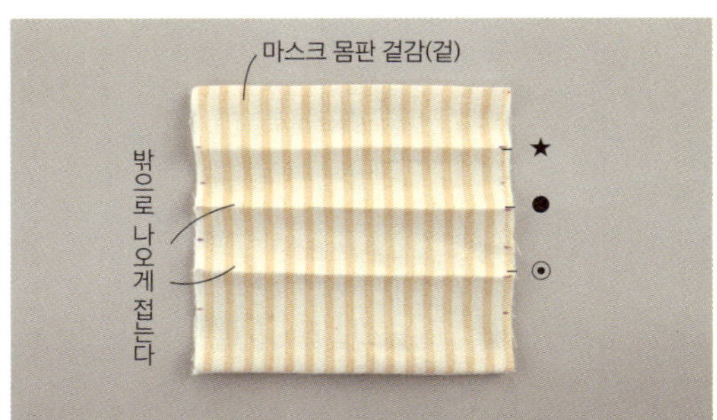

⑤ 같은 방법으로 ●, ⊙ 위치가 밖으로 나오게 접습니다.

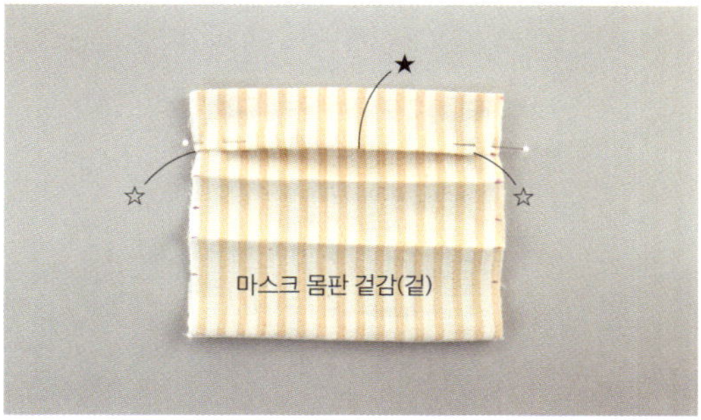

⑥ ★과 ☆을 맞춰서 주름을 접습니다.

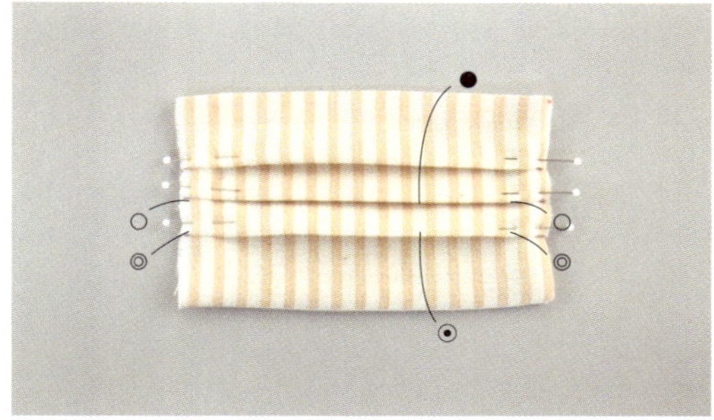

⑦ 같은 방법으로 ●과 ○, ⊙과 ◎를 맞춰서 주름을 접습니다.

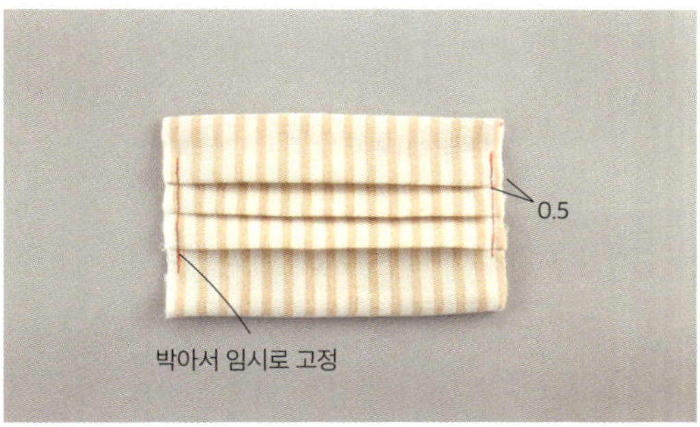

⑧ 양 옆쪽을 박아서 임시로 고정합니다.

2. 바인딩감을 접는다.

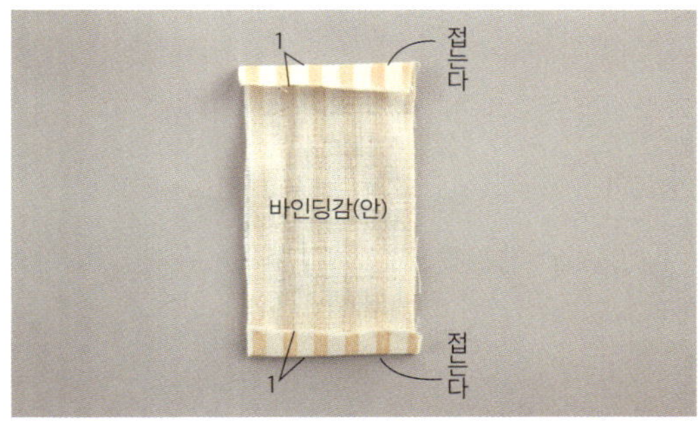

① 바인딩감의 위아래를 1㎝ 접습니다.

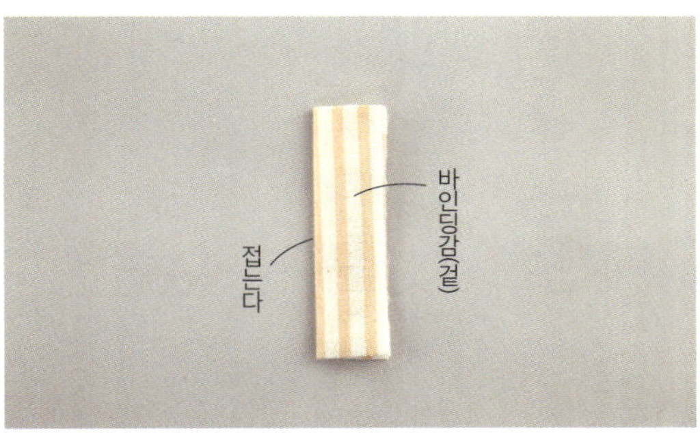

② 세로로 반 접습니다.

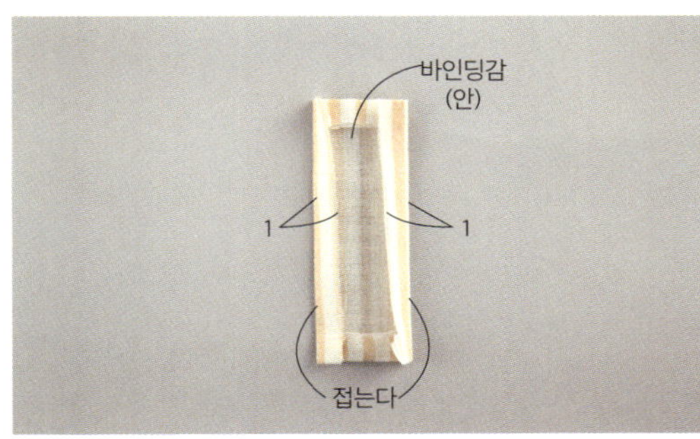

③ 접었다가 다시 편 상태에서 양 옆을 1㎝씩 접습니다. 다른 바인딩감도 ①~③과 같은 방법으로 접습니다.

3. 바인딩감을 박는다.

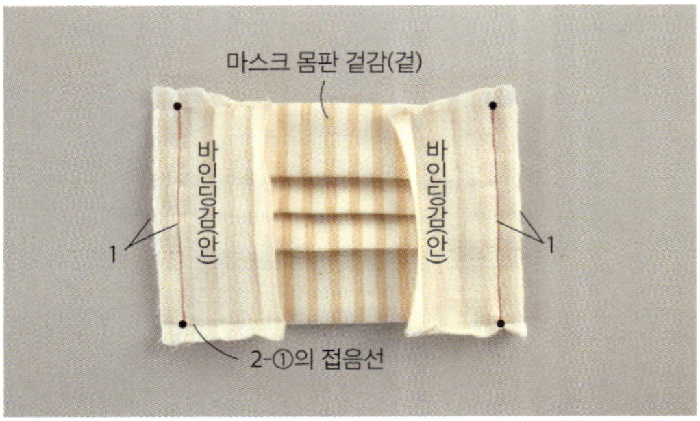

① 바인딩감의 접음선을 일단 벌리고, 마스크 몸판 겉감의 양 가장자리에 겉끼리 맞대어 박습니다.

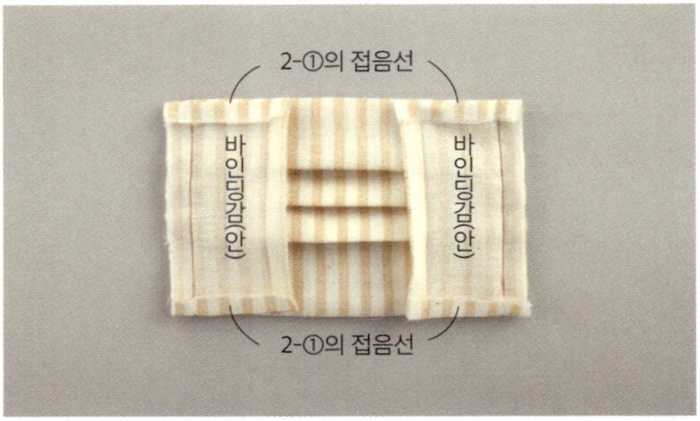

② 2-①의 접음선을 접습니다.

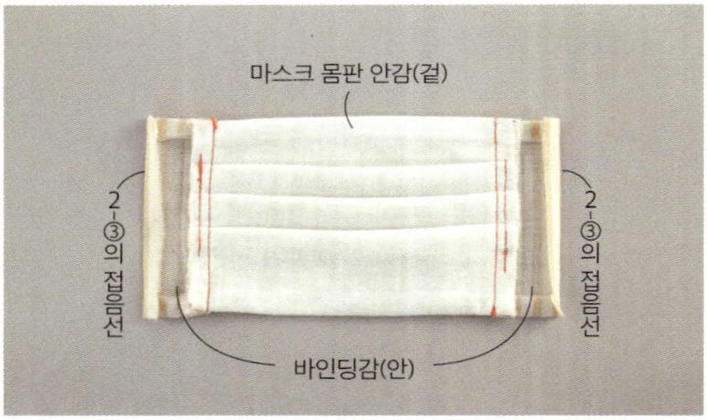

③ 마스크 몸판의 안감 쪽으로 접어서 넘기고 2-③의 접음선에서 접습니다.

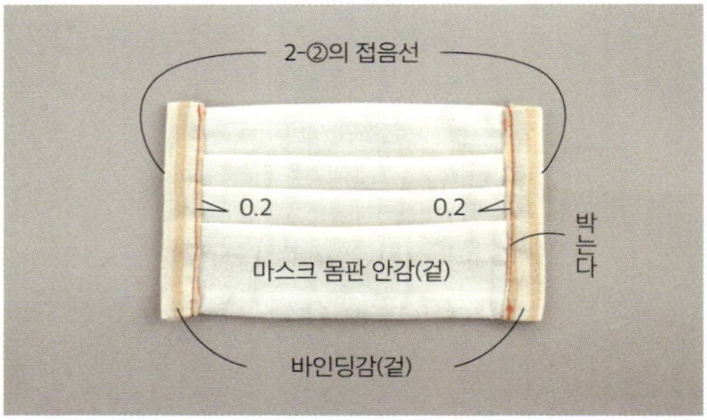

④ 2-②의 접음선에서 접어서 시접을 감싼 뒤에 박습니다.

4. 고무줄을 단다.

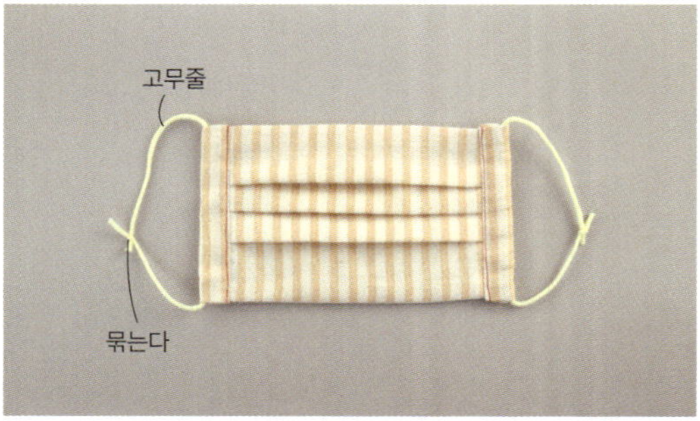

① 바인딩감에 고무줄(S·M사이즈 : 25㎝, L사이즈 : 30㎝)을 끼우고 묶습니다.

② 고무줄 매듭을 바인딩감 속으로 넣으면 완성입니다.

입체 마스크

얼굴선 모양으로 만드는 입체형 마스크입니다.
마스크를 썼을 때 숨 쉬기 불편하지 않아서 좋습니다. 보기보다 간단하게 만들 수 있답니다.

7 L사이즈

8 M사이즈

9 S사이즈

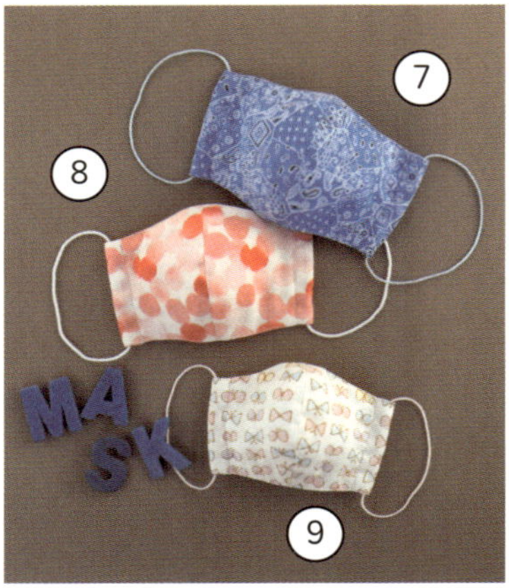

⑦ ~ ⑨ 입체 마스크 만드는 법

재료

	S	M	L
겉감·안감 (더블거즈)	55cm×20cm	55cm×20cm	55cm×25cm
마스크용 고무줄	50cm	50cm	60cm

완성 치수

	S	M	L
	15cm×11cm	17cm×12cm	20cm×13cm

옷감을 마름질하는 법

S사이즈 ※ 마스크 본은 P.31

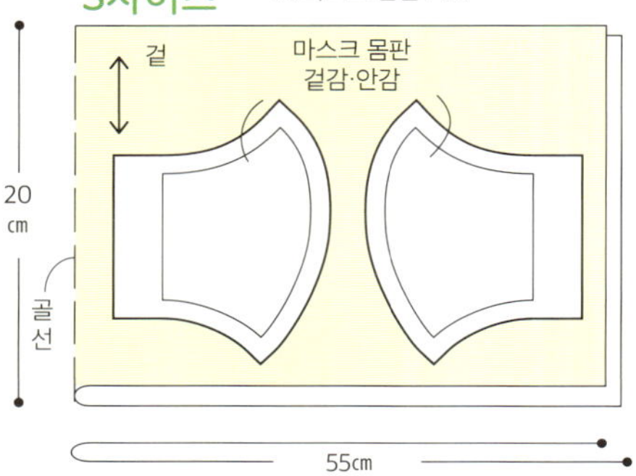

M사이즈 ※ 마스크 본은 P.33

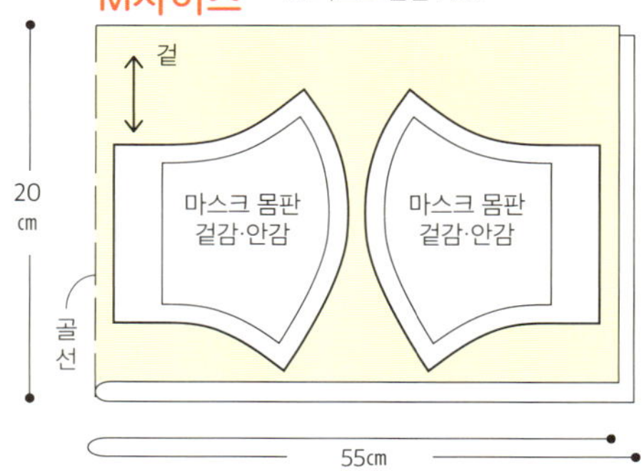

L사이즈 ※ 마스크 본은 P.35

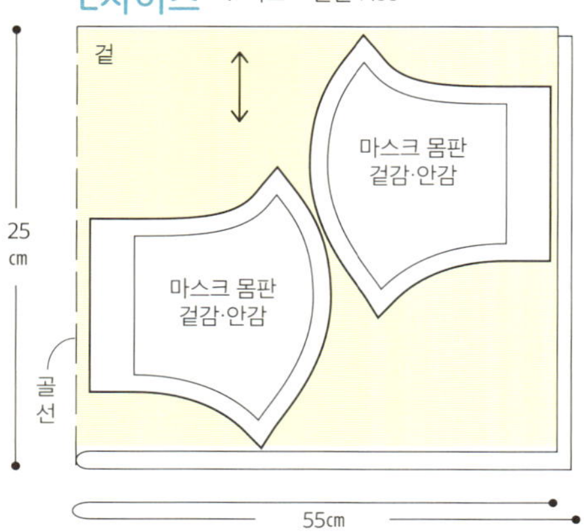

바느질 Tip

왜 가위집을 넣어요?

가방이나 파우치 같은 소품을 만들 때나 옷을 만들 때 박음질을 한 후 곡선 부분에 꼭 가위집을 넣습니다. 가위집을 넣는 이유는 뒤집었을 때 가장자리 선을 깔끔하게 마무리하기 위해서입니다. 곡선이 가파른 경우에는 1센티미터 간격으로, 곡선이 완만한 경우에는 2~3센티미터 간격으로 박음선 가까이 가위집을 넣어주세요. 마스크 만들 때 곡선 부분에 가위집을 넣어주면 완성도가 훨씬 높아집니다.

1. 마스크 몸판을 만든다.

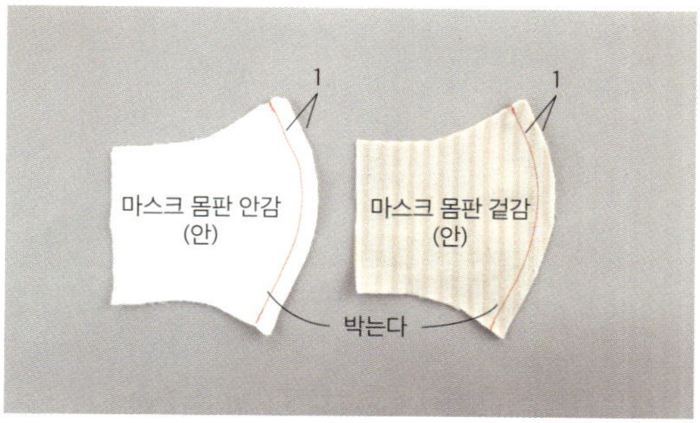

① 마스크 몸판의 겉감과 안감을 각각 겉끼리 맞대고 앞판 중심선을 시접 1㎝로 박습니다.

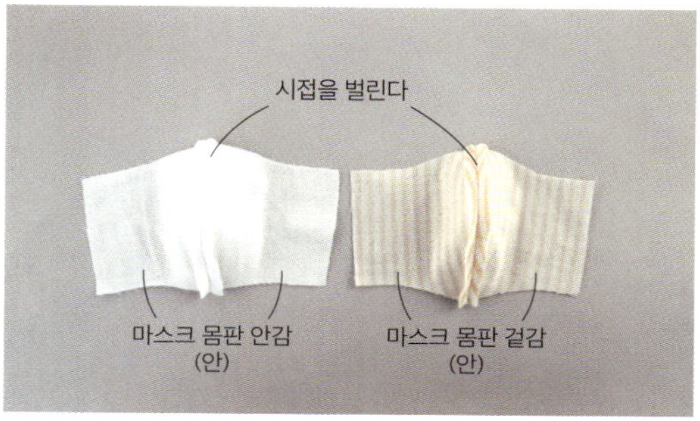

② 시접을 벌립니다.

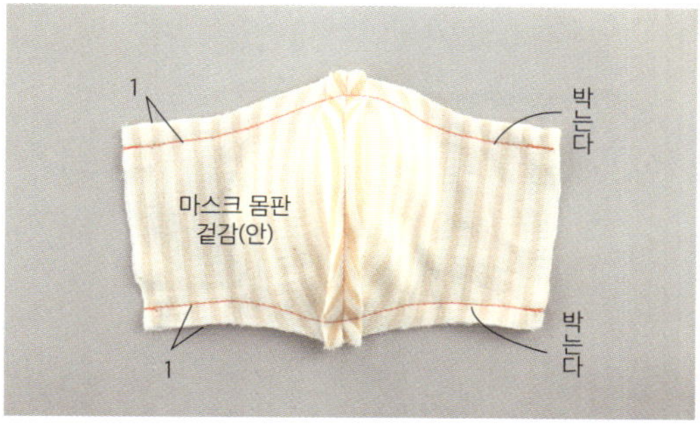

③ 마스크 몸판 겉감과 안감을 겉끼리 맞대고 위아래를 박습니다.

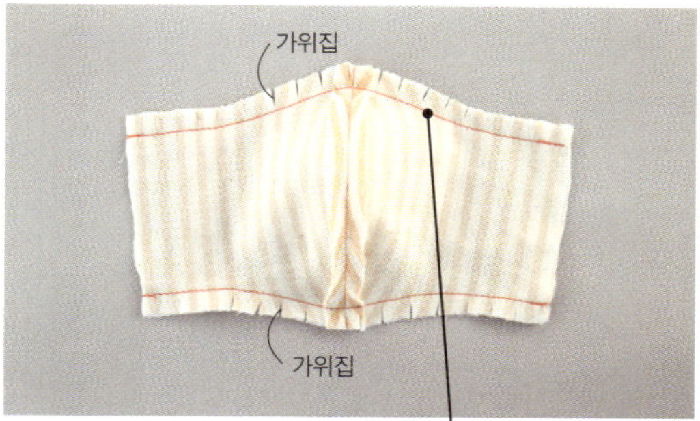

④ 시접에 가위집을 넣습니다.

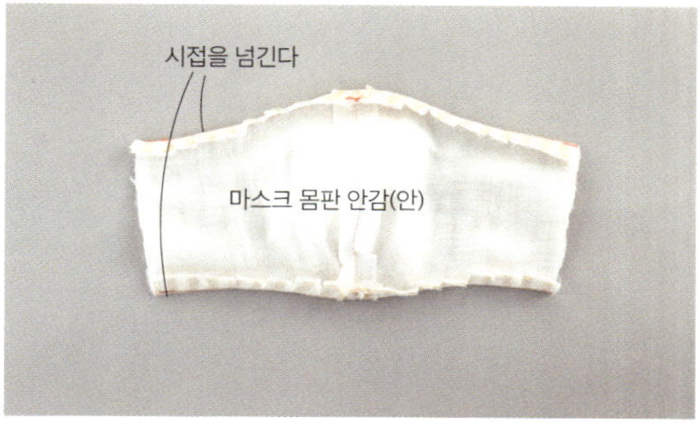

⑤ 시접을 마스크 몸판 안감 쪽으로 넘깁니다.

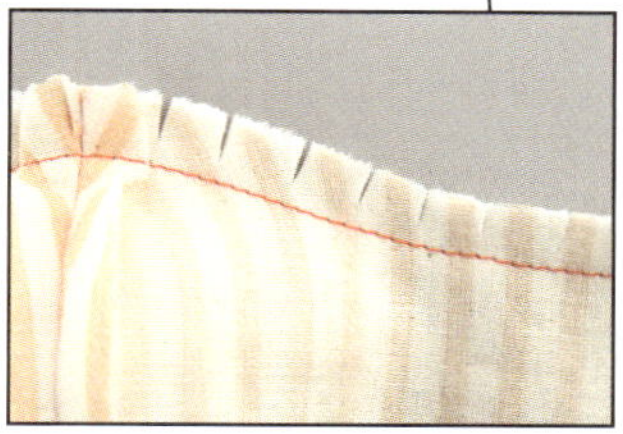

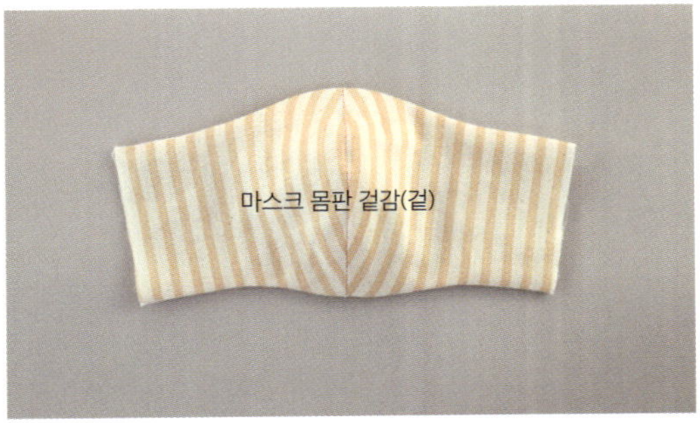

⑥ 겉으로 뒤집습니다.

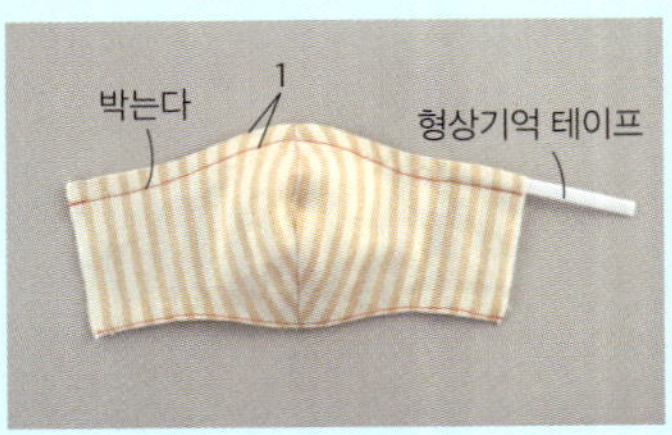

[형상기억 테이프를 넣으려면]
위에서부터 1㎝ 위치를 박고 형상기억 테이프(9㎝)를 끼웁니다.

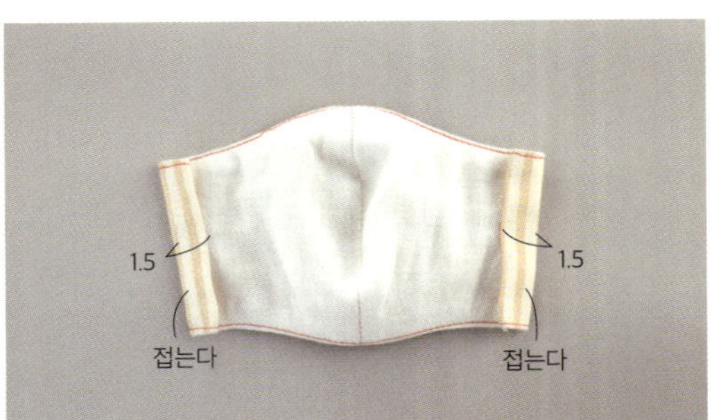

② 다시 1.5㎝ 접습니다.

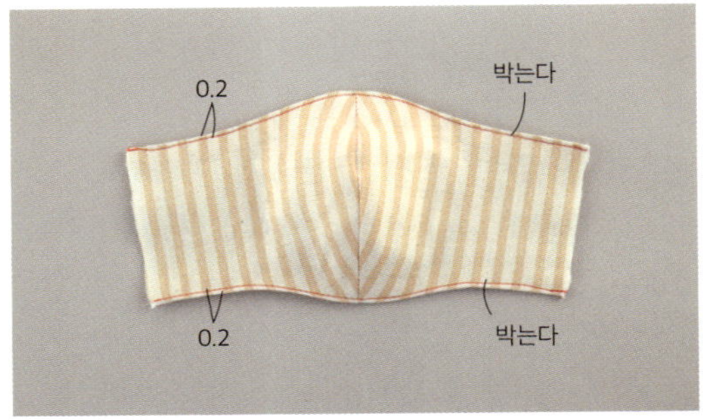

⑦ 위아래를 박습니다.

2. 고무줄 통로를 박는다.

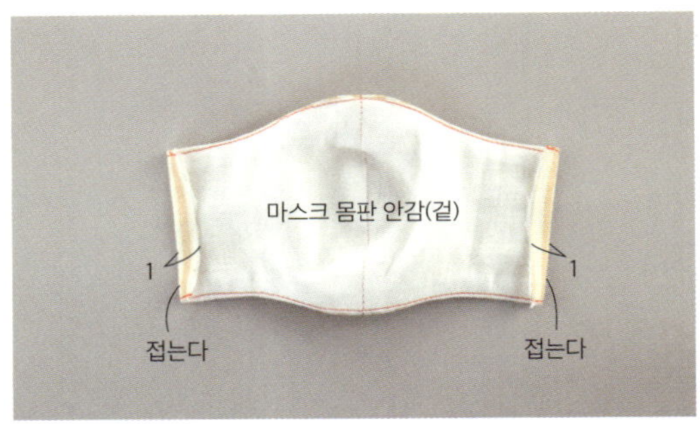

① 양 옆을 1㎝ 접습니다.

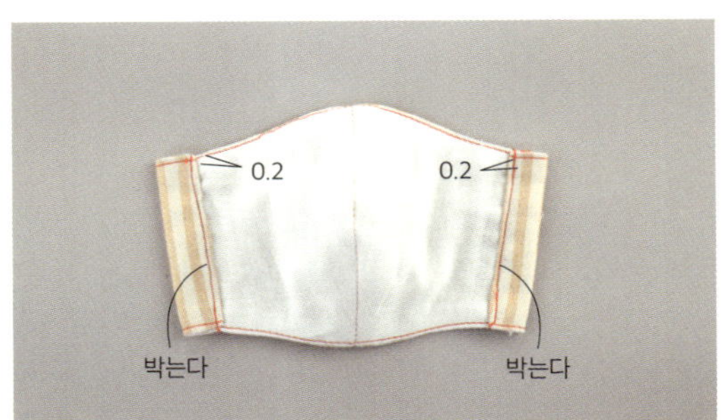

③ 박습니다.

3. 고무줄을 끼운다.

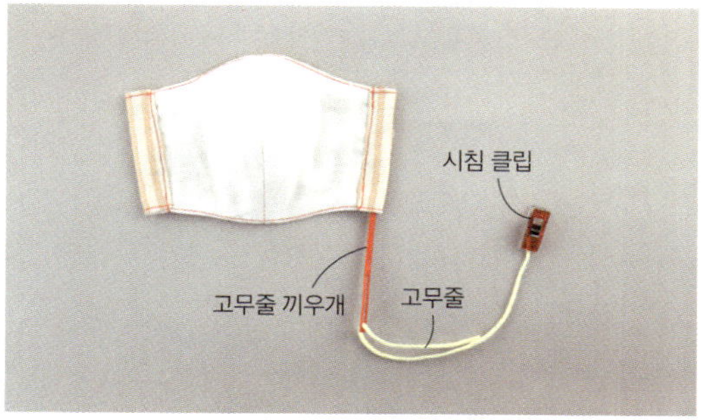

① 고무줄(S·M사이즈 : 25㎝, L사이즈 : 30㎝)을 고무줄 끼우개에 끼우고, 빠지지 않도록 한쪽 끝을 시침 클립으로 집어 줍니다. 고무줄 끼우개로 고무줄 통로 속에 고무줄을 끼웁니다.

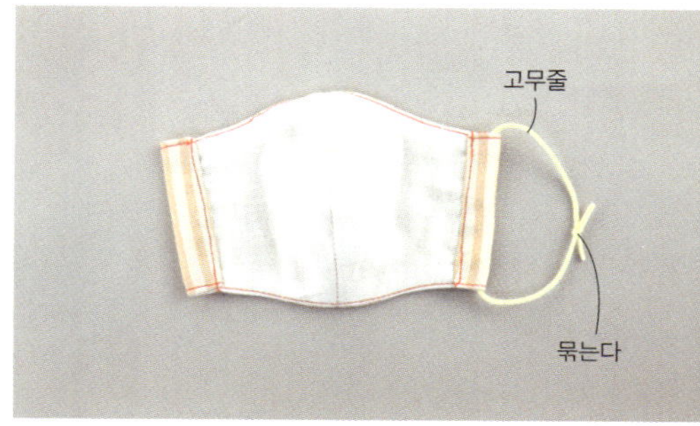

② 고무줄을 묶습니다. 반대쪽도 같은 방법으로 고무줄을 끼우고 묶습니다.

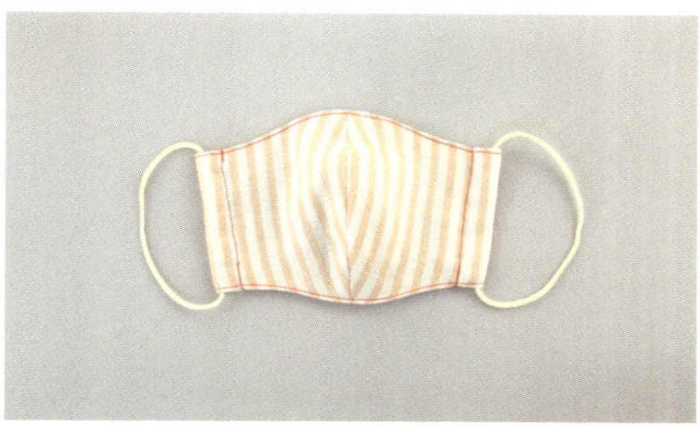

③ 매듭을 고무줄 통로 속으로 넣으면 완성입니다.

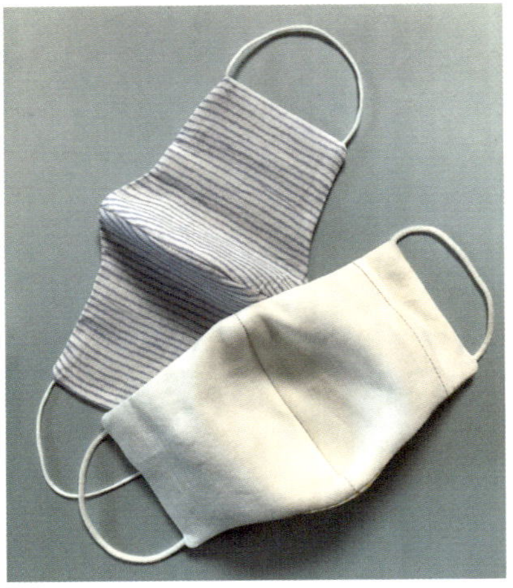

필터 교체 마스크 만드는 법

재료

	S	M	L
겉감·안감 (얇고 감촉이 좋은 면이나 더블거즈)	65cm×20cm	65cm×20cm	65cm×25cm
마스크용 고무줄	40cm	40cm	50cm

완성 치수

	S	M	L
	17cm×11cm	19cm×12cm	22cm×13cm

옷감을 마름질하는 법

S사이즈

※ 마스크 본은 P.31, 37

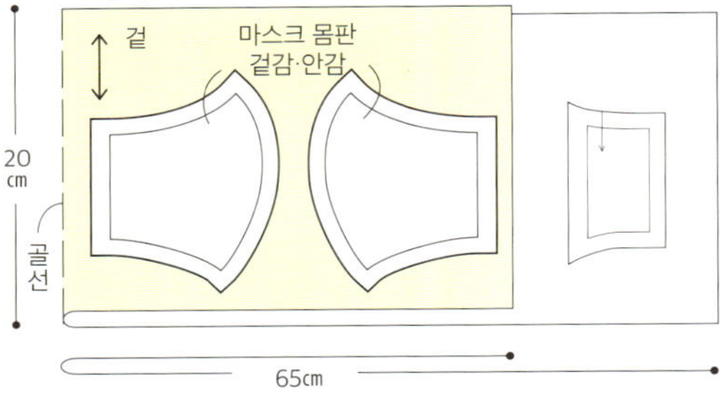

M사이즈

※ 마스크 본은 P.33, 39

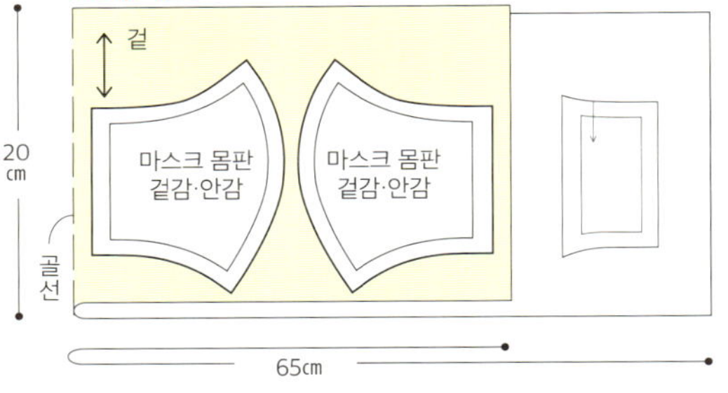

L사이즈

※ 마스크 본은 P.35, 41

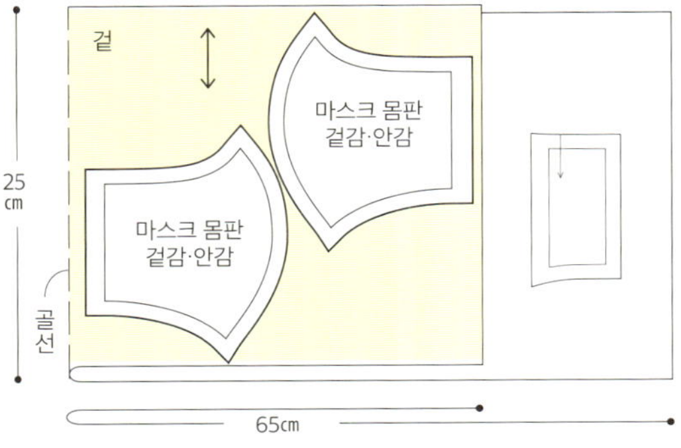

바느질 Tip

마스크 필터 만드는 법

필터 교체 마스크를 만든 후에 마스크 필터를 쉽게 만들 수 있어요. 완성한 마스크를 반으로 접어 종이에 그대로 옮겨 그린 후 외곽선 5㎜ 안쪽에 필터 완성선을 그립니다. 필터용 부직포를 2장 겹쳐서 자른 후 앞판 중심선에서 3㎜ 안쪽을 박습니다. 펼치면 완성입니다.(P.23 참고)

1. 마스크 안감을 만든다.

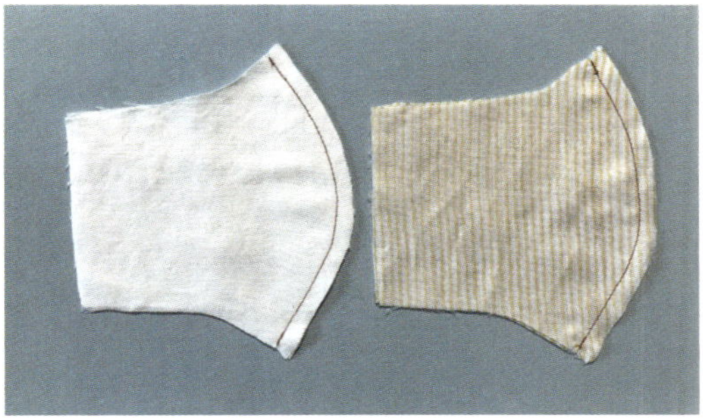

① 17페이지 1-①을 참조하여 마스크 몸판의 겉감과 안감을 각각 겉끼리 맞대고 앞판 중심선을 시접 1㎝로 박습니다.

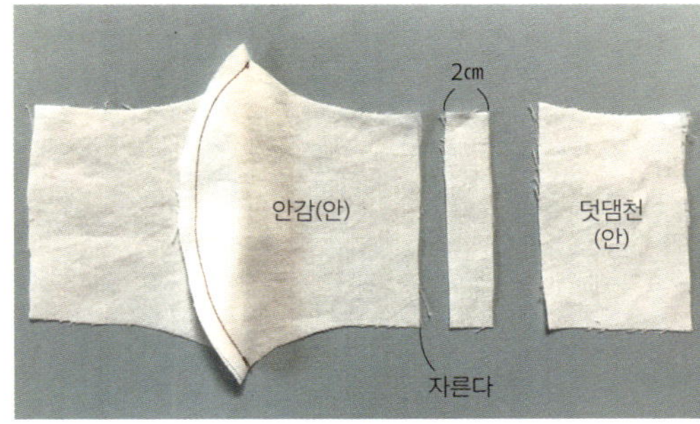

② 안감을 펼쳐놓고 오른쪽 끝에서 2㎝ 만큼 자릅니다.

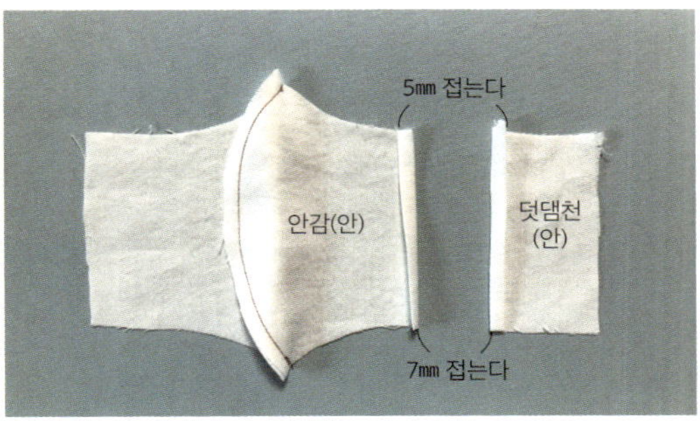

③ 안감 잘라낸 곳과 창구멍용 덧댐천의 양옆을 5㎜ 접습니다. 다시 7㎜ 접습니다.

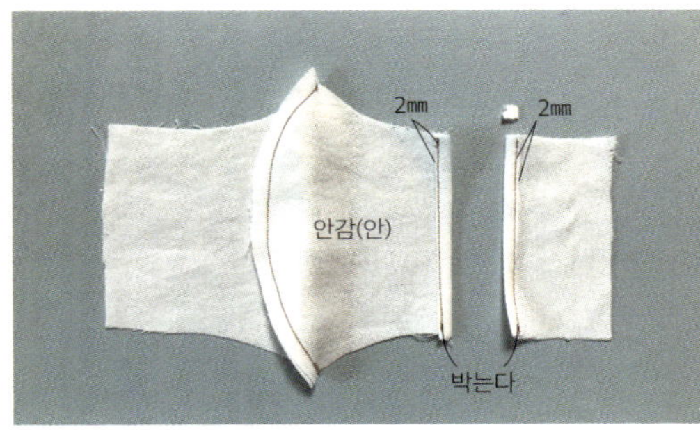

④ 박습니다. 삐져나온 부분은 잘라냅니다.

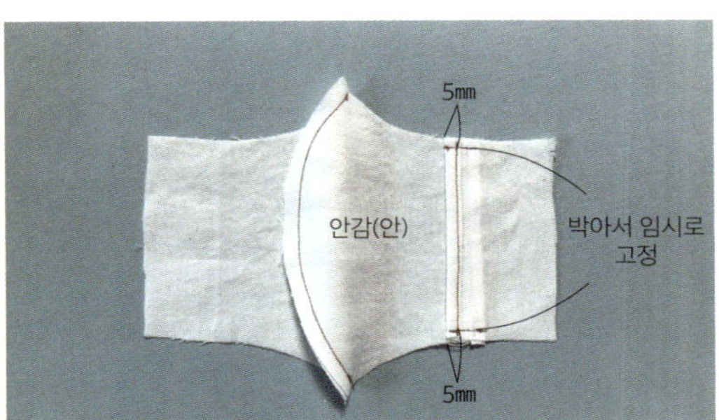

⑤ 안감과 덧댐천을 겹쳐 박아서 임시로 고정합니다.

2. 고무줄을 단다.

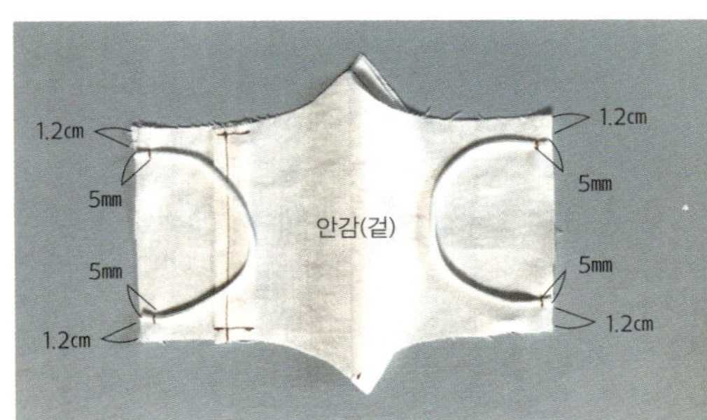

① 안감 앞쪽에 고무줄을 답니다.(S·M 사이즈 : 18㎝ x 2개, L사이즈 : 20㎝ x 2개)

3. 마스크 몸판을 완성한다.

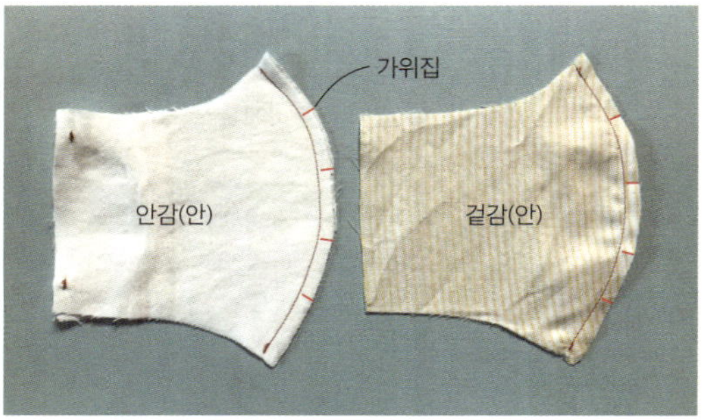

① 시접에 3㎝ 간격으로 가위집을 넣습니다.

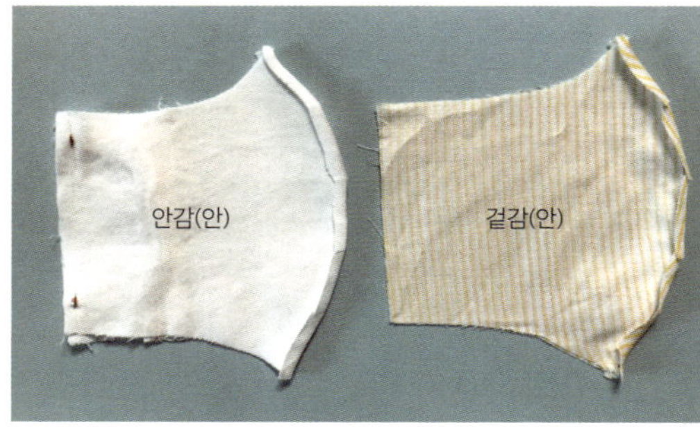

② 시접을 벌려 다립니다.

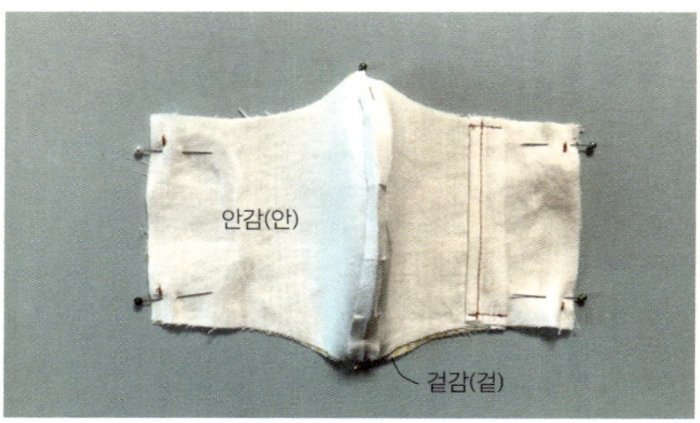

③ 마스크 몸판 겉감과 안감을 겉끼리 맞대고 시침핀으로 고정합니다.

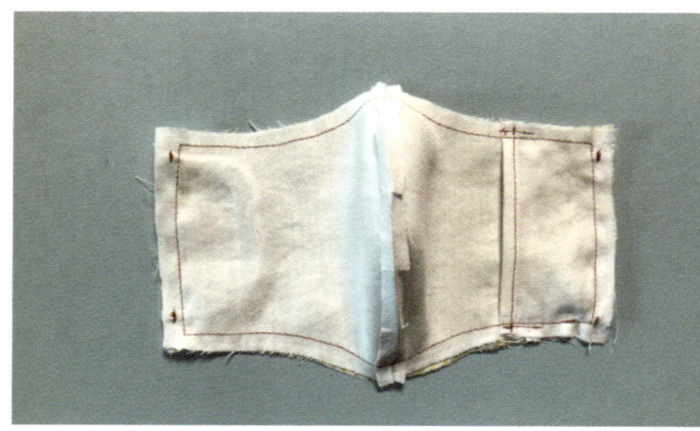

④ 1㎝ 간격으로 박습니다.

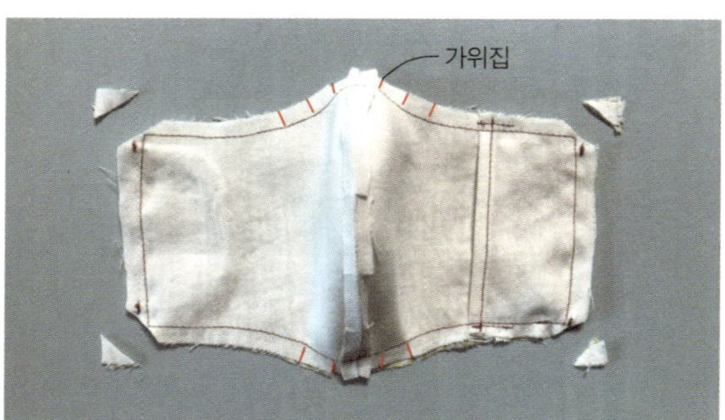

⑤ 네 귀퉁이를 잘라내고 위 아래 시접 곡선 부분에 가위집을 넣습니다.

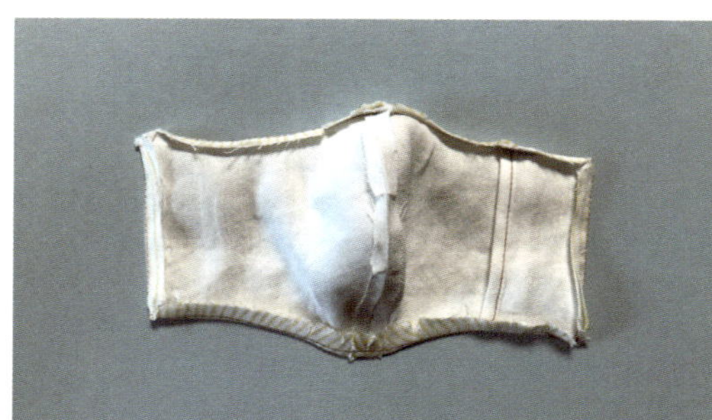

⑥ 시접을 마스크 몸판 안감 쪽으로 넘깁니다.

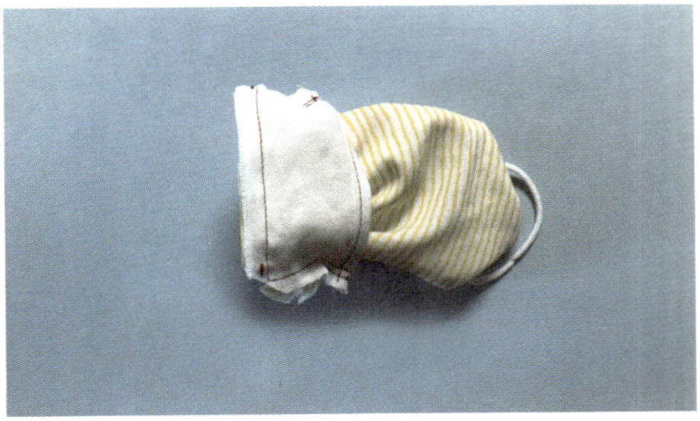

⑦ 창구멍으로 뒤집습니다.

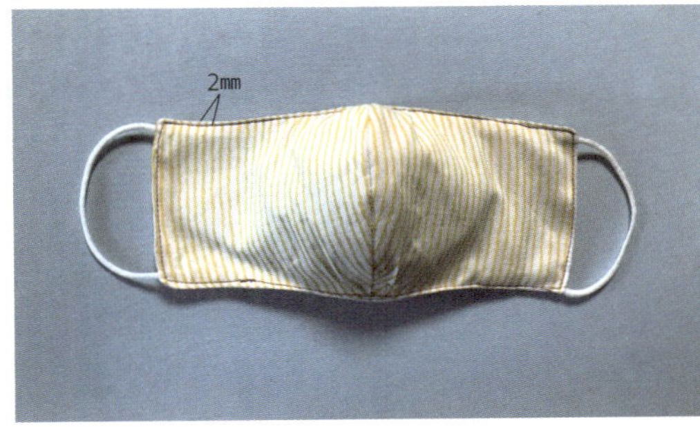

⑧ 테두리를 박습니다.

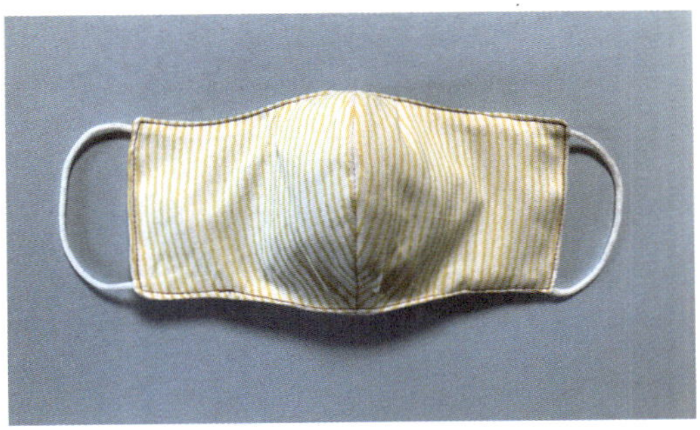

⑨ 완성(겉)

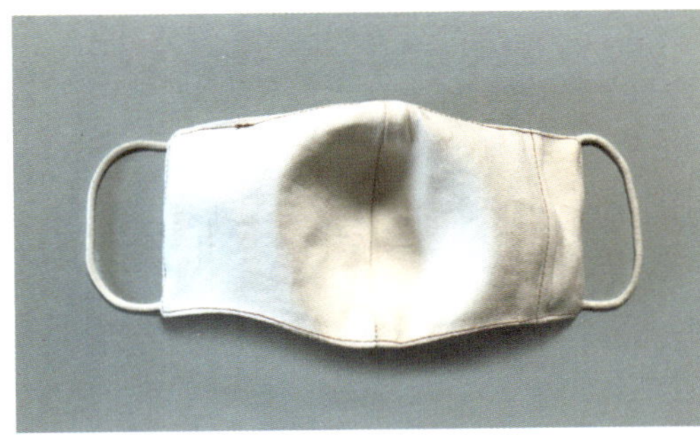

(안) 마스크용 필터를 끼워서 쓸 수 있어 안심이에요!
창구멍으로 필터를 교체하세요.

바느질 Tip **마스크 필터 만드는 법** ※ P.20에서 계속

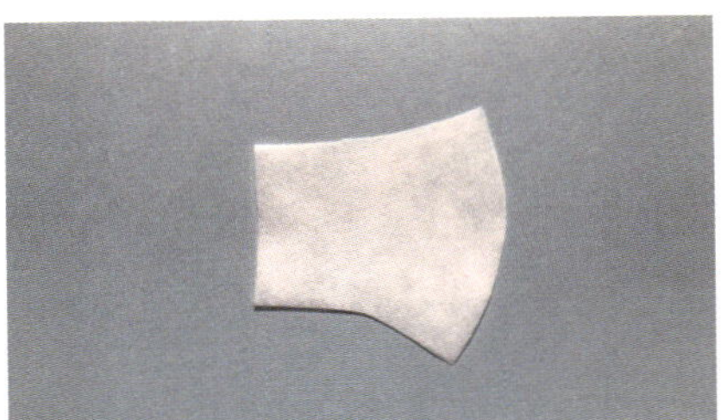

① 필터용 부직포를 2장 겹쳐서 자릅니다.

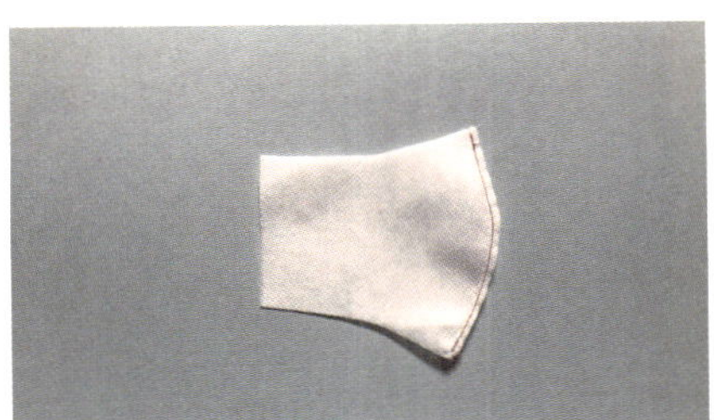

② 3㎜ 안쪽을 박습니다.

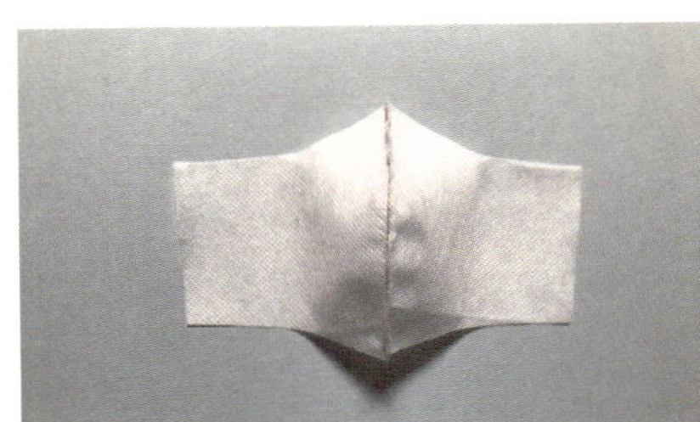

③ 펼치면 완성입니다. 마스크에 끼워서 사용하세요.

변형 고무줄 마스크

마스크용 고무줄이 없어도 옷감과 납작 고무줄이 있으면 마스크를 만들 수 있습니다.
고무줄은 가늘고 부드러운 납작 고무줄을 사용합니다.

10 L사이즈

11 M사이즈

12 S사이즈

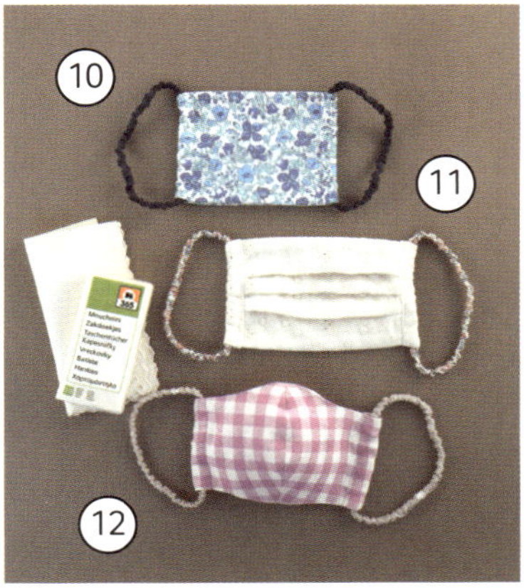

⑩ ~ ⑫ 변형 고무줄 마스크 끈 만드는 법

재료

겉감(얇고 감촉이 좋은 면)	35cm×10cm
부드러운 고무줄	60cm

완성 치수

	30cm

※ 알아보기 쉽게 옷감과 실 색깔을 다르게 했습니다.

옷감을 마름질하는 법 ※ 그림에 적힌 치수는 시접을 포함한 크기입니다.

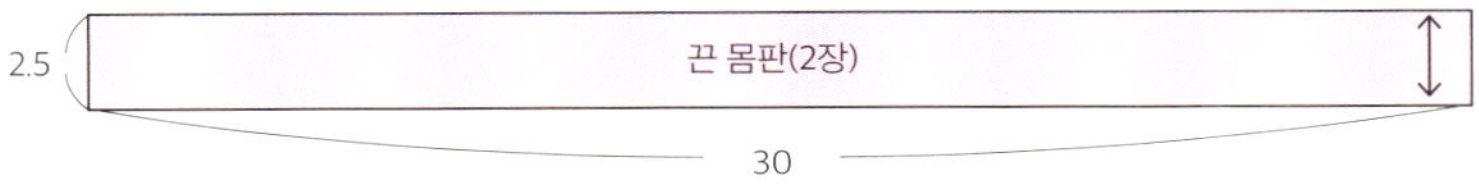

1. 끈 몸판을 만든다.

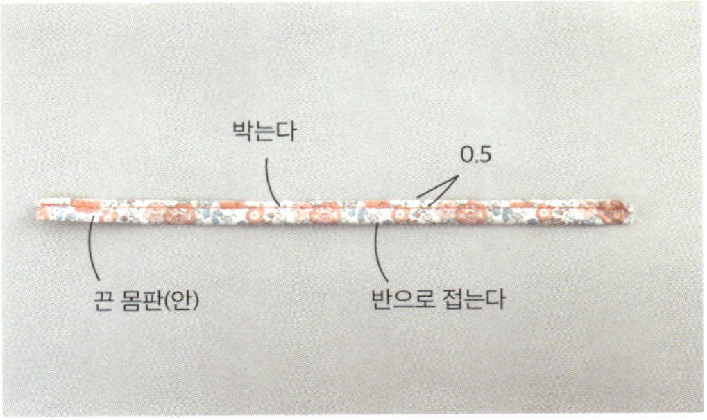

① 끈 몸판을 겉끼리 맞닿게 반으로 접고 가장자리에서 0.5㎝ 위치를 박습니다.

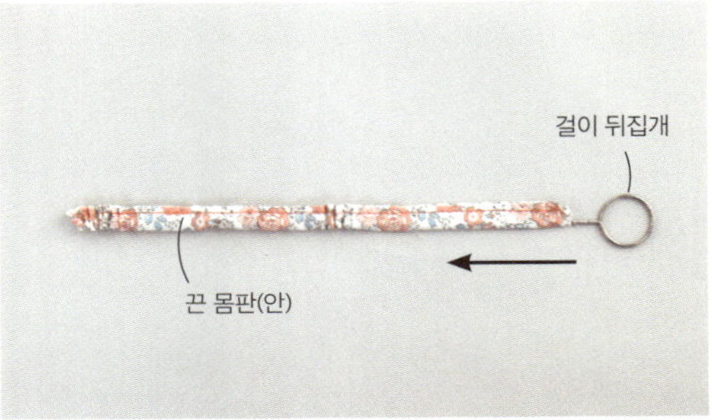

② 걸이 뒤집개를 끈 몸판 속에 넣어서 갈고리 부분을 끈 끝에 걸어 줍니다.

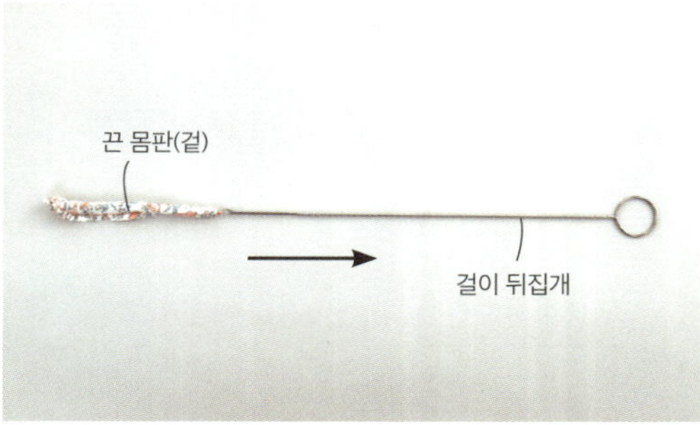

③ 걸이 뒤집개를 잡아당겨서 끈 몸판을 겉으로 뒤집습니다.

바느질 Tip

옷감을 자르는 요령이 있어요?

옷감을 자를 때 잘 드는 재단용 가위가 있으면 좋아요. 아래쪽 칼날은 작업대에 붙이고 위쪽 칼날을 움직여가며 자릅니다. 한 번 자를 때마다 가위 끝을 완전히 닫으면 비뚤어질 위험이 있어요. 가위 끝이 완전히 닫히기 직전까지 자르고, 아래쪽 칼날이 앞으로 미끄러지듯 위쪽 칼날을 움직여가며 자르세요. 곡선은 자르는 길이를 짧게 해 천천히 자르세요.

2. 고무줄을 끼운다.

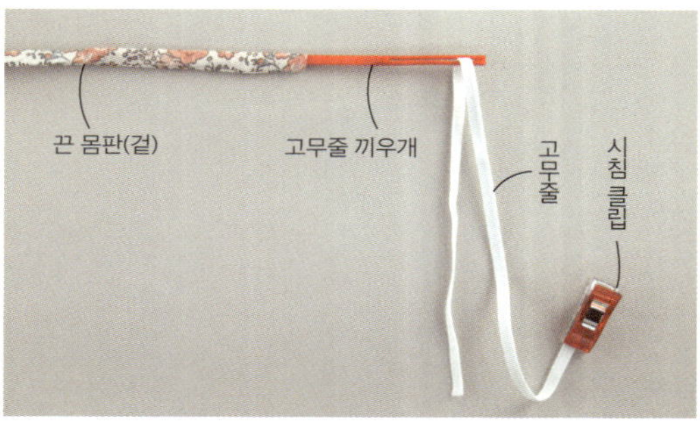

① 고무줄(30㎝)을 고무줄 끼우개에 끼우고, 빠지지 않도록 한쪽 끝을 시침 클립으로 집어 줍니다. 고무줄 끼우개로 끈 몸판 속에 고무줄을 끼웁니다.

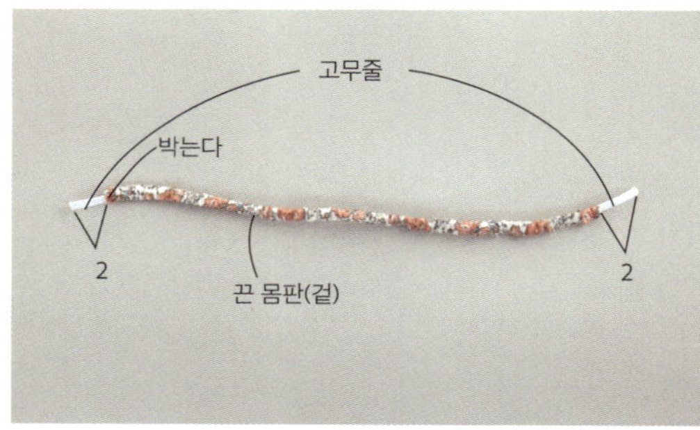

② 고무줄을 끈 몸판보다 2㎝ 더 나오게 하여 끈의 양 끝을 박습니다.

3. 마스크에 끈을 끼운다.

① 마스크 몸판에 끈 몸판을 끼우고 고무줄을 묶습니다. 매듭과 솔기를 마스크 몸판 속으로 넣으면 완성입니다. 반대쪽도 같은 방법으로 만들어서 고무줄을 달아 줍니다.

고무줄을 옷감으로 싸 주면 피부에 닿는 느낌이 부드러워집니다.

마스크 파우치

마스크를 넣어서 가지고 다니기 좋은 파우치입니다.
착착 접으면 손수건처럼 작아집니다. 마음에 드는 옷감으로 만들어 보세요.

옷감을 마름질하는 법

※ 그림에 적힌 치수는 시접을 포함한 치수입니다.
※ 몸판 겉감 안쪽에 접착심지를 붙입니다.

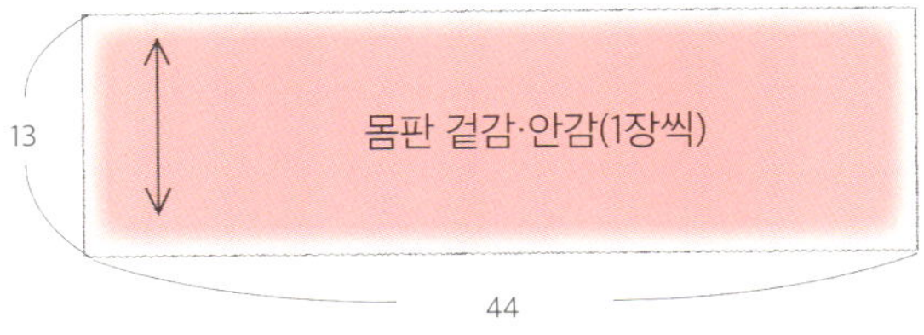

재료	
겉감	50cm×20cm
안감	50cm×20cm
접착심지	50cm×20cm
똑딱단추	1.3cm 1쌍

완성 치수	
(펼쳤을 때의 상태)	11cm×10.5cm

1. 몸판을 만든다.

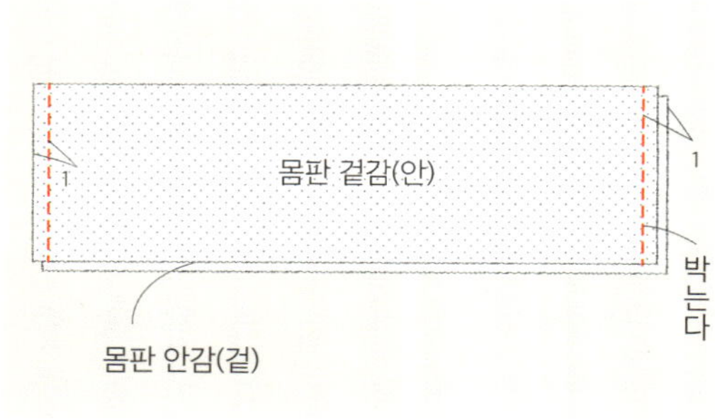

① 몸판 겉감에 접착심지를 붙이고 겉감과 안감을 겉끼리 맞대고 박는다.

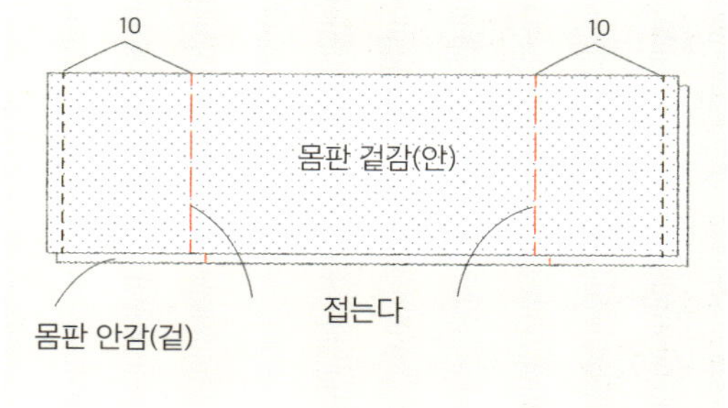

② 몸판 겉감과 안감을 각각 안쪽으로 접는다.

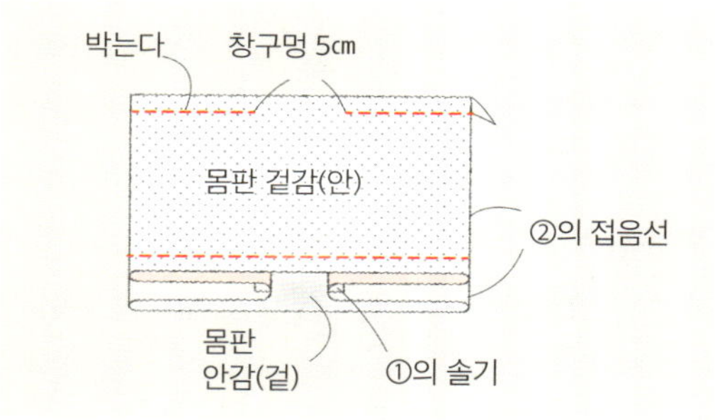

③ 창구멍을 남기고 위와 아래를 박는다.

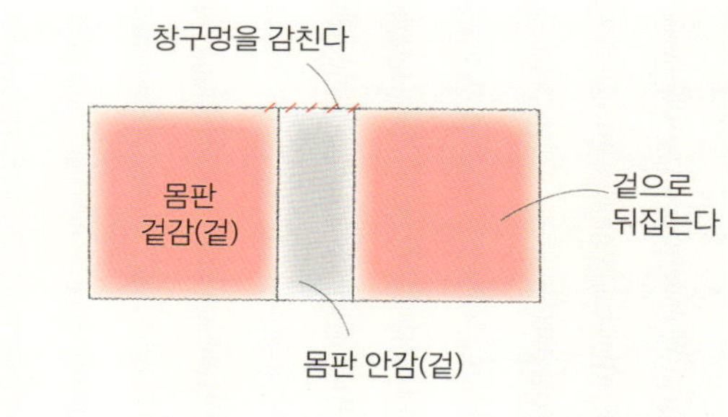

④ 창구멍으로 뒤집어 감친다.

2. 똑딱단추를 단다.

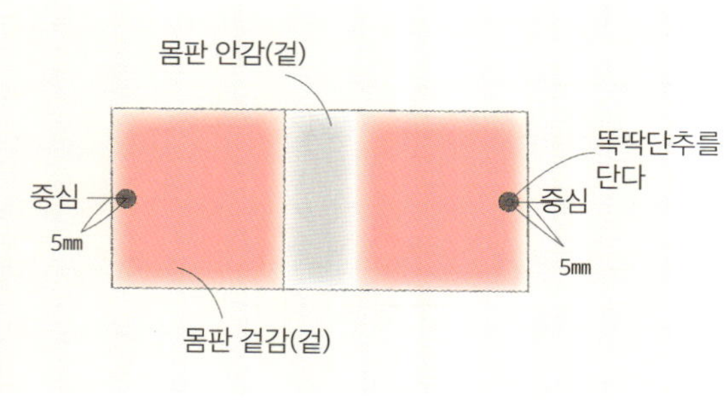

① 중심에서 5㎜ 안쪽 위치에 똑딱단추를 단다.

부록

오려서 그대로 사용!

시접이 포함된 입체 마스크 본

※ 시접이 포함된 본입니다. 바깥쪽 굵은 선을 따라 가위로
오려서 사용하세요.

오려서 그대로 사용!

시접이 포함된 입체 마스크 본

S사이즈용

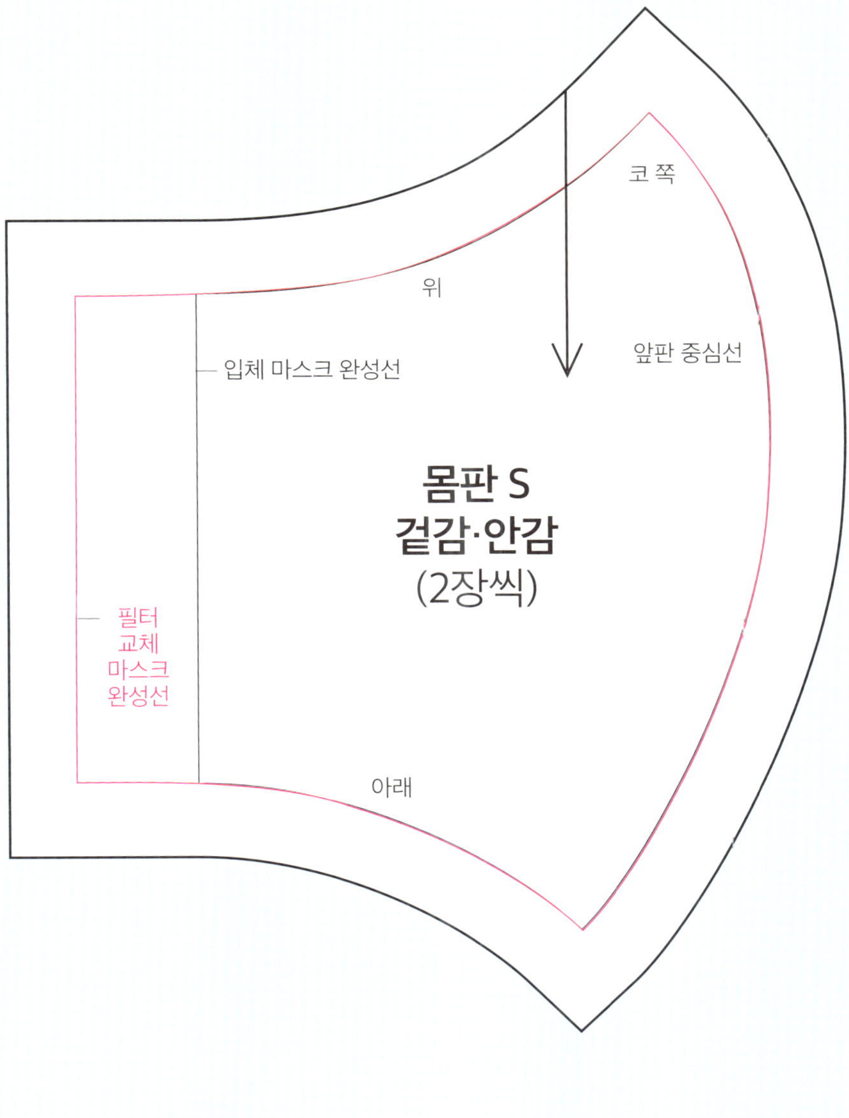

※ 시접이 포함된 본입니다. 바깥쪽 굵은 선을 따라 가위로 오려서 사용하세요.

오려서 그대로 사용!

시접이 포함된 입체 마스크 본

M사이즈용

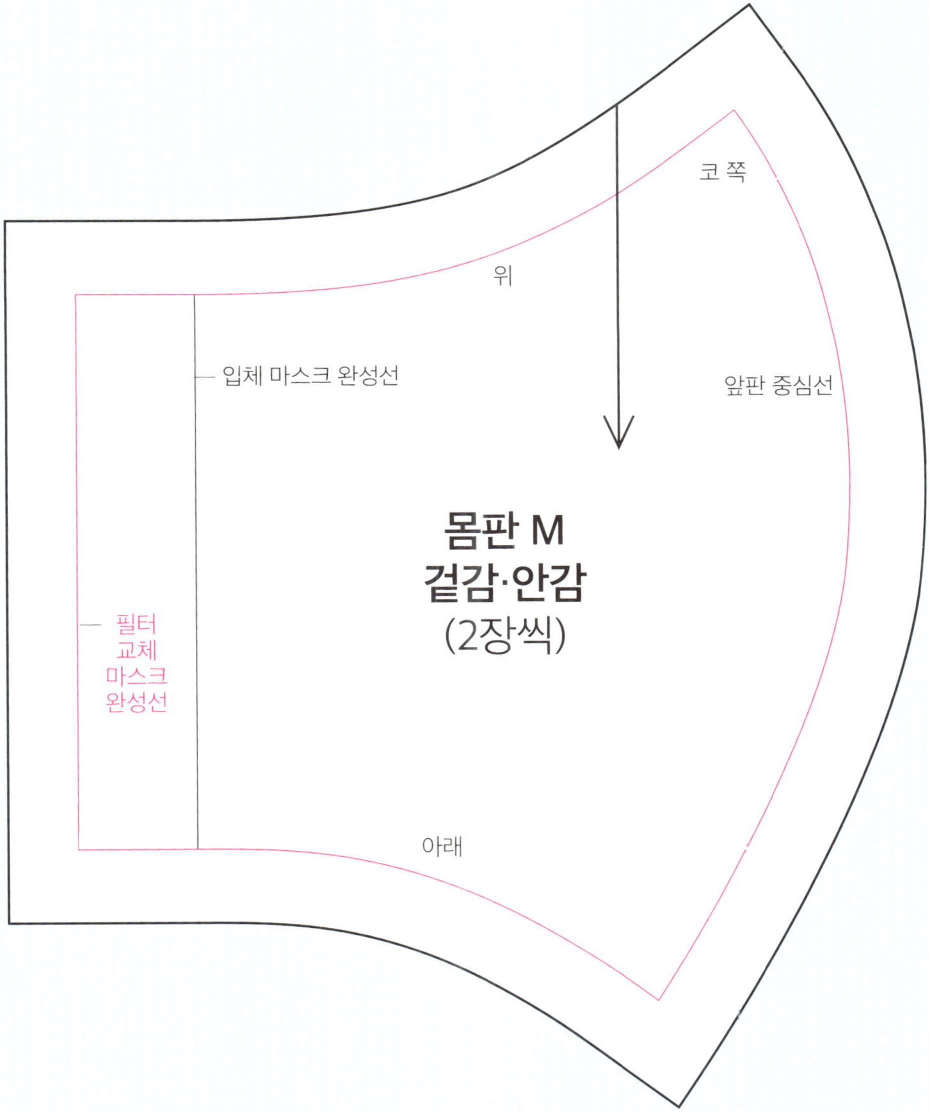

※ 시접이 포함된 본입니다. 바깥쪽 굵은 선을 따라 가위로 오려서 사용하세요.

\ 오려서 그대로 사용! /

시접이 포함된 입체 마스크 본

L사이즈용

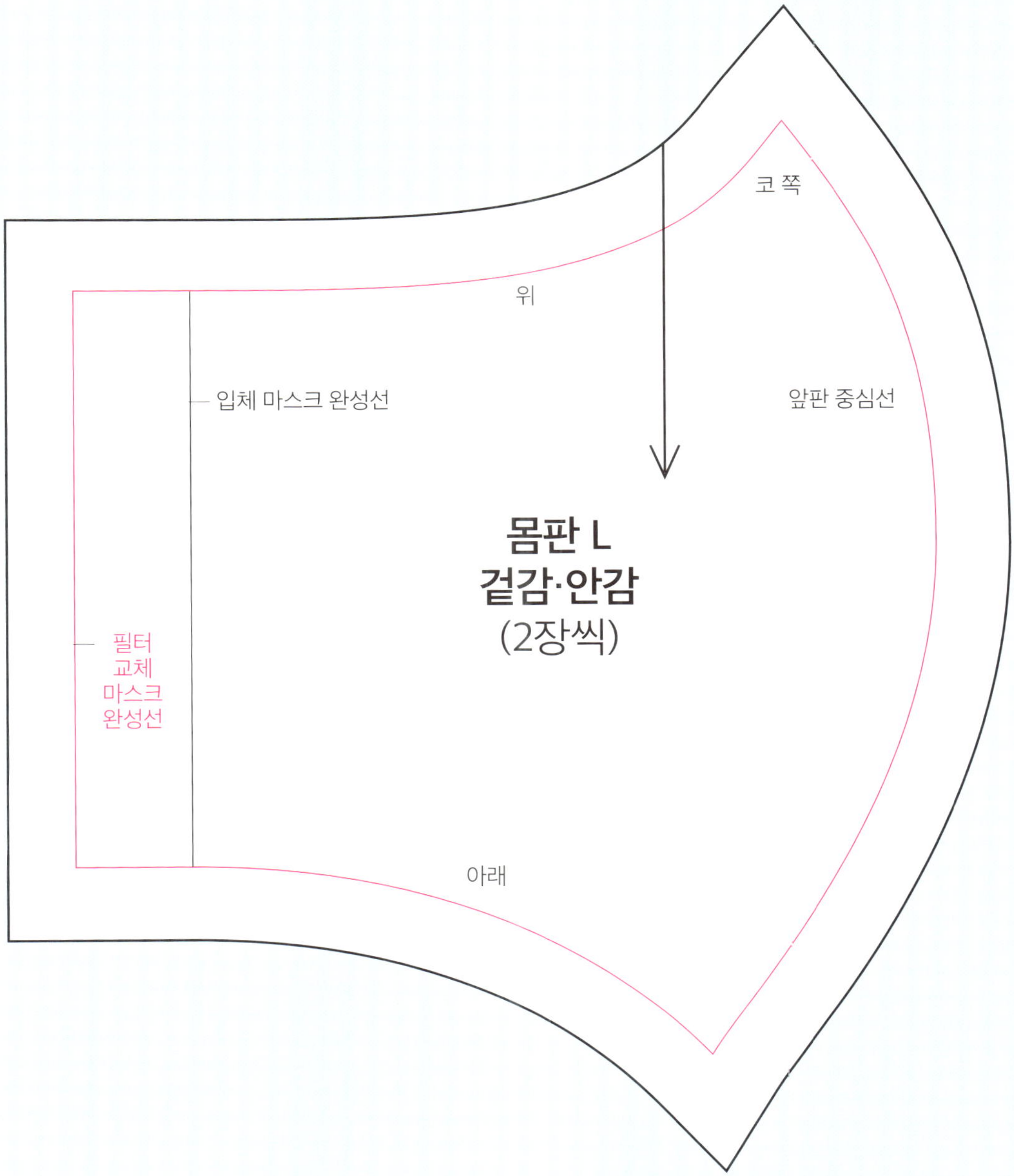

※ 시접이 포함된 본입니다. 바깥쪽 굵은 선을 따라 가위로 오려서 사용하세요.

오려서 그대로 사용!

시접이 포함된 입체 마스크 본

S사이즈용

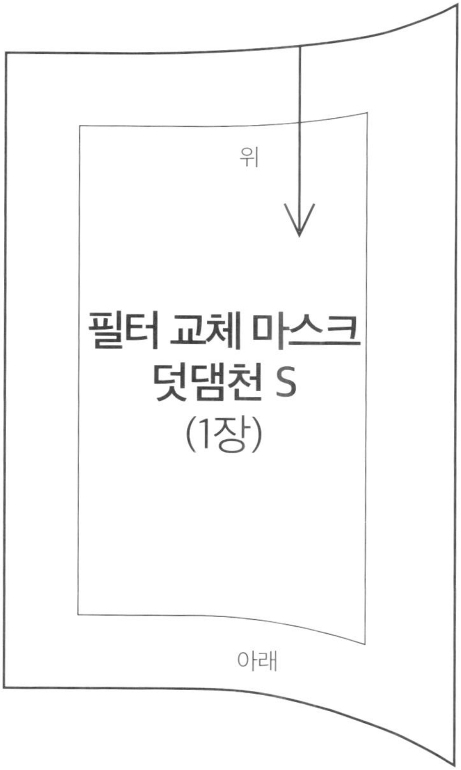

※ 시접이 포함된 본입니다. 바깥쪽 굵은 선을 따라 가위로 오려서 사용하세요.

오려서 그대로 사용!

시접이 포함된 입체 마스크 본

M사이즈용

※ 시접이 포함된 본입니다. 바깥쪽 굵은 선을 따라 가위로 오려서 사용하세요.

\ 오려서 그대로 사용! /

시접이 포함된 입체 마스크 본

L사이즈용